Données de catalogage avant publication (Canada)

Gudule, 1945-
L'Instant des louves
Pour les jeunes de 9 ans et plus
ISBN 2-89428-373-3

I. Titre.

PZ23.G87In 1999 j843'.914 C99-940191-2

L'éditeur a tenu à respecter les particularités linguistiques des auteurs qui viennent de toutes les régions de la francophonie. Cette variété constitue une grande richesse pour la collection.

Directrice de collection : **Françoise Ligier**
Maquette de la couverture : **Marie-France Leroux**
Mise en page : **Lucie Coulombe**

Les Éditions Hurtubise HMH bénéficient du soutien des institutions suivantes :
- Programme d'aide au développement de l'industrie de l'édition.
- Société de développement des entreprises culturelles au Québec.

Canada

SODEC Québec

Éditions Hurtubise HMH
1815, avenue De Lorimier
Montréal (Québec) H2K 3W6 CANADA
Téléphone : (514) 523-1523

ISBN 2-89428-373-3

Dépôt légal/3e trimestre 1999
Bibliothèque nationale du Québec
Bibliothèque nationale du Canada

Imprimé au Canada

L'INSTANT DES LOUVES

Gudule

Illustré par
Anatoli Burcev

Collection Plus
dirigée par Françoise Ligier

« Je suis née à Bruxelles en 1945, raconte **GUDULE**. Et je devais avoir 6 ou 7 ans quand, à l'école, la maîtresse a demandé quel métier nous voulions exercer plus tard. J'ai répondu : clown ou écrivain. Toute la classe a éclaté de rire... et je ne suis pas devenue clown ! Les rires me faisaient peur, je crois. Par contre, j'ai écrit, écrit, écrit. Avec passion et un émerveillement constant. Aujourd'hui, j'ai au moins 50 livres publiés et autant de textes rangés dans mes tiroirs, dont personne n'a voulu. C'est en écrivant – des bonnes et de moins bonnes choses – qu'on devient écrivain. »

Anatoli BURCEV a obtenu un diplôme de maîtrise en Arts à l'Université de Moscou, en Russie. Sa passion, c'est la peinture. « J'aime les peintres, dit-il, comme Léon Bakst, le décorateur des ballets russes de Diaghilev, j'aime aussi l'autrichien Gustav Klimt. » Les œuvres d'Anatoli ont été exposées aussi bien en Russie qu'en Hollande, en Pologne et en Allemagne. Anatoli a un grand souci du détail et de l'harmonie des couleurs, il travaille souvent au crayon et à l'aquarelle, avec un peu de gouache.

1

Première traque

— Les loups ne vont plus tarder, dit Yvan dans un soupir.

L'ombre des quatre hommes, suscitée par les flammes mouvantes du foyer, danse le long des murs. Une ombre déformée, étirée à l'extrême, s'animant d'une vie propre sous les assauts du feu. Une ombre évoquant, noire sur fond pourpre, des silhouettes de démons...

Le crépuscule tombe sur la toundra*, et avec lui, le silence écrasant des steppes enneigées.

Le regard perdu dans le brasier, Boris bourre lentement sa pipe. C'est un homme lourd, une sorte de colosse au visage envahi par une barbe grise. Dans les rides marquant ses pommettes hautes et le tour de ses yeux couleur d'azur, toutes les intempéries de l'Oural ont aiguisé leurs griffes.

À ses côtés, son fils Vlady, le fusil entre les jambes, donne des signes de nervosité.

— Tout doux, petit ! lui murmure-t-il de temps à autre, en posant sa grosse main sur l'épaule de l'adolescent.

Vlady n'a que treize ans. C'est sa première traque*. Et bien que, par orgueil, il s'efforce d'imiter le calme de ses aînés, ses mâchoires crispées trahissent son impatience.

À l'exhortation paternelle, il ne répond pas, se contentant d'un bref étirement des lèvres, grimace plutôt que sourire.

Penché sur le samovar*, Franz prépare du thé avec une grande sobriété de gestes. Il s'économise en vue de la nuit ; la longue, très longue nuit des chasseurs de fourrure.

La lune, sphère parfaite, monte peu à peu dans le ciel, jetant des reflets bleutés sur la neige.

Soudain, un cri ténu s'élève dans le lointain :

— Hoooouuuu ! Hoooouuuu !

— Écoutez ! souffle Franz en se redressant.

Ses compagnons tendent l'oreille.

— Hoooouuuu ! Hoooouuuu !

On dirait un sanglot. Yvan repousse sa chaise et se dirige lentement vers l'unique fenêtre. Un long moment, son regard perce la pénombre.

— Ils n'ont pas encore franchi l'horizon, constate-t-il en hochant la tête.

Il se penche vers Vlady :

— Leur voix les précède toujours d'une heure ou deux.

Comme un écho à ces paroles, la lugubre plainte retentit à nouveau, suivie d'une seconde, d'une troisième, puis de toute une foule.

Vlady frissonne. Les hurlements des loups ont si souvent hanté ses cauchemars, jadis ! Il se revoit à sept, huit ans, transi de peur dans son lit. Comme il guettait, le cœur fou, les tempes battantes, ces hurlements de plus en plus proches, de plus en plus féroces !

Dans son imagination enfiévrée, les bêtes errantes prenaient des apparences mythiques : dragons cracheurs de feu, géants velus mangeurs d'enfants, monstres aux yeux injectés de sang et aux dents effroyables.

Et aujourd'hui, aujourd'hui...

... Aujourd'hui, ces créatures de la nuit, ces monstres, ces dragons, lui, le petit Vlady, s'apprête à les tenir au bout de son arme, à sa merci. Aujourd'hui, le prédateur, c'est lui.

Parce qu'il a grandi. Parce qu'il est devenu un homme. Parce que les peurs de l'enfance, aussi tenaces soient-elles, ne résistent pas à un bon coup de fusil...

— Dans deux heures, trois au plus, la meute nous atteindra, reprend Franz. Les loups ont faim, et la viande disposée là devant...

Du menton, il désigne le seuil de l'isba* que souillent des dépouilles de gibier.

— ... les attirera comme un aimant...

— L'essentiel est de savoir tirer au bon moment, l'interrompt Yvan. Ni trop tôt, car la meute envoie des mâles en éclaireurs, ni trop tard, car les mères mangent les premières...

— Et c'est elles qu'il nous faut ! précise Boris.

Tout cela, Vlady le sait depuis longtemps. Ces évidences font partie de la vie du village. Elles meublent les conversations durant les repas, les promenades, les veillées. C'est le thème favori des histoires que racontent les vieux, au cours des longues soirées d'hiver, des comptines que fredonnent les tout-petits en sautant à cloche-pied, des berceuses qui endorment les nourrissons.

Une nuit par an, la fourrure des louves est au sommet de sa beauté. Et cette nuit magique à laquelle les chasseurs se préparent toute l'année, c'est celle du 24 au 25 décembre.

La nuit de Noël. Cette nuit-ci.

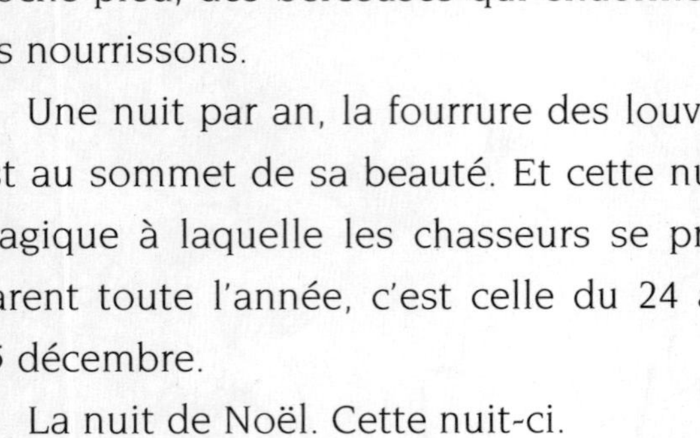

— Tout doit se passer dans la subtilité, continue Boris à l'intention de son fils. Si les femelles soupçonnent notre présence, elles n'approcheront pas. Il faut leur laisser le temps de flairer la nourriture, d'y goûter, et à la seconde où elles perdent toute méfiance... PAN !

— « L'instant des louves », si bref soit-il, justifie de longues heures de guet, et peut rapporter à chacun d'entre nous de quoi vivre toute une année, conclut Yvan.

Il lisse sa grosse moustache, la mine réjouie. Sa réputation de fin limier n'est plus à faire ! Ne prétend-on pas, au village, qu'il aurait, à lui seul, mis une horde entière hors d'état de nuire ? Et n'affirme-t-on pas qu'il a, dans sa jeunesse, ramené une peau si splendide que le tsar* lui-même la lui a achetée à prix d'or ?

Un pareil compagnon pour sa première traque... La poitrine de Vlady se gonfle de fierté.

— On les aura... murmure-t-il avec ferveur. On les aura toutes !

Les hurlements qui se rapprochent couvrent sa voix.

2

Un étrange visiteur

— Hooooouuuu ! Hooooouuuu !

Un silence oppressant pèse à présent sur l'isba : Vlady se ronge nerveusement les ongles. Son père fume en tisonnant la cendre. Franz et Yvan dégustent le thé, impassibles en apparence, mais dans leur main la tasse tremble.

Soudain, un léger bruit les arrache tous quatre à leurs pensées : toc, toc.

Une bombe explosant au milieu de la pièce ne les ferait pas sursauter davantage.

Qui ose ainsi troubler la longue attente des traqueurs ? Un promeneur, dans ce paysage glacé balayé par le blizzard, dans ce repaire de fauves affamés ? C'est peu probable : nul ne se risque dans la toundra après le coucher du soleil. À moins d'être fou...

Est-ce un fou qui frappe à la porte ?

Ou pire, personne... Juste une hallucination née de l'attente ?

Les chasseurs se consultent du regard, doutant de leur propre raison. Un doigt recourbé a-t-il vraiment toqué, ou n'était-ce qu'un mirage, comme en engendre parfois la solitude des déserts et des steppes ?

À nouveau, le tapotement laconique résonne dans la pièce noyée d'ombre : toc, toc.

— Il... il faut aller voir... bégaie Vlady.

Pesamment, Yvan se lève et se dirige vers la porte.

— Qui va là ?

— Laissez-moi entrer, je vous en prie. Je me suis égaré et je demande asile.

Yvan se tourne vers ses compagnons, l'air interrogateur. Cette visite nocturne ne lui dit rien qui vaille, mais le sens de l'hospitalité n'est pas un vain mot, de la mer Baltique aux confins de la Sibérie. Le trahir, c'est perdre sa propre estime et celle de ses proches.

Trois têtes s'inclinent en guise d'approbation.

— Bien, admet Yvan en poussant le loquet.

La porte s'ouvre sur une étrange apparition. Celle d'un petit vieillard, non pas tremblant et misérable comme le laissait supposer son appel, mais arborant un large sourire. L'air glacé du dehors a rougi ses joues creuses, d'ordinaire assez pâles, sans doute ; à cet âge, on a rarement le teint coloré. Des flocons de neige maculent sa barbe blanche, ses bottes et sa houppelande* de cuir retourné, dont la capuche le coiffe jusqu'aux sourcils.

— Bonsoir, la compagnie ! lance-t-il à la ronde.

D'un pas tranquille, il s'avance vers l'âtre auquel il présente ses paumes raidies par le gel.

— Qui êtes-vous ? s'étonne Boris. Que faites-vous à cette heure dans ces régions sauvages ?

Un rire silencieux secoue le nouveau venu.

— Je cherche le Palais de verre.

Quatre paires d'yeux surpris s'arrondissent.

— Le Palais de verre ? rétorquent quatre voix en chœur. Qu'est-ce que c'est que ça ?

— Vous voulez vraiment le savoir, mes bons amis ?

Quatre têtes s'inclinent avec empressement.

— C'est une longue histoire ! précise le petit vieillard.

Les visages s'épanouissent. Durant les interminables nuits de traque, n'importe quelle distraction est la bienvenue. Et celle-ci semble prometteuse...

Le petit vieillard toussote pour s'éclaircir la voix, tout en frottant ses mains l'une contre l'autre afin que la chaleur de la flamme les pénètre. Et tandis que les lueurs tourbillonnantes du feu extraient de l'ombre sa face émaciée puis l'y replongent en alternance, il se lance dans un bien curieux récit.

— L'époque dont je vous parle est depuis longtemps révolue. Je n'étais encore qu'un tout jeune homme, en ce temps-là. C'était en... décembre 1917, si ma mémoire est bonne. La révolution battait son plein. Le peuple, las de vivre dans la misère, s'était dressé contre ses dirigeants. Ceux-ci avaient riposté par les armes, et l'affrontement faisait, chaque jour, des centaines de victimes. Dans la capitale à feu et à sang sévissaient la famine, la maladie, les exécutions capitales. La Russie, déchirée, ne comptait plus ses deuils...

Écœuré par tant de violence, j'avais fui Moscou-la-sanglante pour les vastes plateaux du Valdaï, où il me restait de la famille. Après des jours et des jours de course éperdue, je me retrouvai, un 24 décembre, blessé, grelottant de fièvre, non loin de ce lieu où nous sommes...

Il s'arrête un moment pour observer son auditoire. Pas un trait du visage des trois adultes ne bouge, tant ils sont attentifs. Même leur respiration semble être suspendue. Quant à Vlady, les lèvres entrouvertes, les pupilles dilatées, il boit littéralement les paroles du vieillard.

Satisfait, ce dernier poursuit :

— Comme aujourd'hui, le froid était intense. Des hordes de loups affamés rôdaient autour de moi, et l'éclat meurtrier de leurs prunelles trouait les ténèbres. Je croyais ma dernière heure venue lorsque...

Nouvelle interruption. Par saint Dimitri, patron des chasseurs, ce conteur a un sens consommé du suspense et sait comment tenir son public en haleine !

Un frémissement de curiosité parcourt l'assistance.

— Lorsque ? halète Vlady.

— ... lorsque soudain je vis le Palais de verre, scintillant comme mille diamants dans un rayon de lune.

De ses deux bras écartés, le petit vieillard dessine dans l'espace toute une architecture de tours, d'ogives, de colonnes.

Vlady avale sa salive, ce qui produit, face à ce mime grandiose, un chuintement mouillé bizarrement incongru.

— C'était une riche demeure ouverte aux quatre vents. Le domaine de quelque seigneur des steppes, abandonné sans doute depuis de longues années. Tout avait gelé à l'intérieur. Le sol, telle la surface d'un lac glacé, étincelait. Les murs semblaient taillés dans du cristal, le mobilier dans du givre irisé. Balancés par la tempête, les vastes lustres garnis de milliers de stalactites produisaient d'incessants tintements. Et cette musique féerique emplissait chaque pièce, si bien que la maison entière semblait chanter.

— Que c'est beau... s'extasie Vlady en joignant les mains.

— Et les loups ? s'enquiert Boris.

— Oui, les loups ! ajoutent Franz et Yvan en écho.

Le sourire du petit vieillard allume sur son visage une myriade de rides joyeuses.

— Les loups avaient perdu toute hostilité. Sous le charme de ce chef-d'œuvre

sculpté par le froid, ils me suivaient comme de grands chiens très doux. Nous marchions de salle en salle, en proie à un indicible

émerveillement, lorsque minuit sonna, on ne sait où...

Une à une, d'un coup de langue sur le bord des dents, il égrène les heures :

— Ting... ting... ting...

Puis, dans un souffle, ajoute :

— Et tout à coup, miracle ! Le palais s'anima.

3

La femme aux yeux éteints

Tandis que le petit vieillard narre son aventure, les loups s'approchent de l'isba. Les mâles, tout d'abord, la truffe en éveil, l'œil aux aguets, la canine acérée. L'odeur de la viande répandue sur le sol dilate leurs narines. Des frissons de convoitise parcourent leur maigre échine. Une faim vertigineuse leur taraude les flancs. Ils salivent...

Mais la loi du clan privilégie les mères, et cette loi est sacrée. La langue pendante, la gueule empanachée d'un nuage de

vapeur, les éclaireurs reniflent longuement la nourriture. Puis, faisant volte-face, ils repartent vers les leurs, annoncer la bonne nouvelle : les femelles vont manger, elles auront du lait. Les louveteaux derniers-nés trouveront dans leurs mamelles la force de survivre aux rigueurs de l'hiver...

Ignorant ce manège, les quatre chasseurs, bouche bée, écoutent toujours le petit vieillard. La magie du récit les capte tout entiers, trompant leur vigilance.

— ... Ce ne fut tout d'abord qu'une sorte de brise, un souffle venu on ne sait d'où, balayant l'atmosphère. Puis des chuchotements, des frôlements, des murmures ; une rumeur à peine audible mais qui s'amplifia peu à peu. Ensuite, les salles désertes se peuplèrent de fantômes...

Vlady tressaille, comme sous la piqûre d'un insecte.

— Des... des fantômes ?

Le conteur hoche la tête.

— Eh oui, bonhomme, des fantômes. Des êtres impalpables, diaphanes et glacés, fêtant Noël par un bal d'outre-tombe au faste démodé. Comme au temps des tsars...

Une bouffée d'effroi traverse la pièce. Quelque part, dehors, un loup gémit, mais sa plainte passe inaperçue. Envoûtés par la scène que distille, à mots choisis, le petit vieillard aux joues creuses, les quatre chasseurs ont perdu toute notion du temps, du lieu où ils se trouvent, et des raisons qui les ont amenés là. Ils ne sont plus dans la réalité mais voguent au fil de l'histoire, dans le mirifique univers des légendes.

— Subitement, je me figeai, le cœur battant. Une jeune fille venait d'apparaître. Elle avait un visage d'une finesse extrême, et... mais oui, il me semblait la connaître. Je ne connaissais même qu'elle. Elle avait bercé mon enfance, hanté mes rêves d'adolescent.

Et je la retrouvais là, dans cette étrange fête spectrale dont elle semblait être la reine...

— Qui... qui était-ce ? balbutie Vlady.

— Mon idéal. Celle que j'aimais de toute éternité. La femme, la seule, l'unique. Celle qu'on ne rencontre qu'une fois dans sa vie et que jamais, jamais on n'oublie.

Celle qui nous accompagne de la naissance à la mort. Celle dont les traits apparaissent dès qu'on ferme les paupières. Celle qu'on appelle dans les instants de souffrance et de peur...

— J'ai cherché une femme semblable dans ma jeunesse... murmure Franz. Mais je ne l'ai pas trouvée...

— Qui la trouve? dit Yvan. Elle n'est que le produit de notre imagination!

— Les femmes de chair et d'os sont moins parfaites, peut-être, mais elles ont le mérite d'exister, remarque Boris avec bonhomie.

Le petit vieillard lui lance un regard perçant.

— Celle-ci existait bel et bien, je puis vous le jurer. En tout cas, à cette seconde, elle fut pour moi plus réelle que tous les êtres que j'ai côtoyés par la suite. Elle me fixa longuement de ses grands yeux éteints, et me tendit les bras. Tel un somnambule, je m'avançai vers elle. Une allégresse folle m'habitait. Jamais, de toute mon existence, je n'avais été aussi heureux. C'était comme si... comme si je commençais à vivre...

Sa voix s'enroue, puis se brise net. Brusquement muet, il fixe les flammes avec émotion. Ses compagnons l'imitent. Un long moment s'écoule avant que quiconque ose rompre le silence.

— Et après, qu'est-il arrivé? finit par demander Vlady, qui brûle de connaître la suite.

Le petit vieillard pousse un profond soupir.

— Je l'enlaçai, et nous nous mîmes à danser. Elle était légère contre moi, si légère... Ses pieds effleuraient à peine le sol. Autour de nous, de nombreux couples avaient aussi pris leur essor et tournoyaient sur un rythme de valse. Des couples sans chaleur, sans odeur, sans haleine. Désincarnés.

Mais que m'importaient les fantômes, et tous les maléfices qu'on leur attribuait? Que m'importaient le froid, le vent, la tempête, la mort, même? Je serrais dans mes bras la femme aux yeux éteints, et plus rien d'autre ne comptait...

— Plus rien d'autre ne comptait... répète Vlady, subjugué.

— C'est alors que j'ai commis une erreur. Dans un élan de passion, j'ai voulu l'embrasser... J'ai avancé mes lèvres en direction des siennes, et...

— Et??

— ... et je n'ai rencontré que du vide. Ma cavalière s'était évaporée sous mon baiser, comme une bulle de savon que l'on touche du doigt. Je tournoyais tout seul sur la piste miroitante, dans la grande salle déserte où ne subsistait plus l'ombre d'un fantôme...

— Qu'avez-vous fait, alors? interroge Vlady, la gorge sèche.

— Pris d'une panique incontrôlable, j'ai rassemblé mes dernières forces et me suis enfui à toutes jambes. Lorsque je m'arrêtai de courir, le Palais de verre avait depuis longtemps disparu et je me retrouvai, épuisé et déçu, comme au sortir d'un rêve...

Boris secoue sa tête grise.

— Hallucination ! diagnostique-t-il avec conviction. Vous n'êtes ni le premier ni le dernier auquel la toundra joue de pareils tours !

— Peut-être, marmonne le petit vieillard, peut-être... Mais ces événements m'ont marqué à tel point que, depuis, je n'ai cessé d'y penser. Aussi, chaque nuit de Noël depuis quarante ans, je parcours de long en large les plateaux du Valdaï, dans l'espoir de retrouver...

Un hurlement tout proche lui coupe la parole :

— Hooooouuuu ! Hooooouuuu !

Brutalement ramenés sur terre, Yvan, Boris et Franz sautent sur leurs fusils et, d'un même élan, se ruent vers la fenêtre.

— Sacrénom, les loups !

— Avec tout ça, on les a oubliés !

Seul Vlady, encore perdu dans les brumes de l'histoire, demeure à mi-chemin entre le songe et la réalité.

— Ce bougre de conteur a fait échouer la traque ! rugit Franz, hors de lui.

— Les femelles ! Regardez, elles mangent ! beugle Yvan.

Devant l'isba, en effet, un groupe de louves fouille du museau les débris de viande. Et le rayon de lune jouant dans leur pelage les vêt de cascades d'argent.

Vif comme l'éclair, Boris met en joue, vise la proie la plus belle. Mais comme son index va presser la détente, Vlady, d'un bond, s'interpose :

— Attention, papa ! Il y a quelqu'un !

Quelle est cette silhouette, virevoltant d'une bête à l'autre avec une vivacité diabolique ? Un démon ? Un lutin ? Une nouvelle hallucination ?

Non, le petit vieillard, tout simplement. Le petit vieillard qui a mis à profit l'affolement général pour sortir du refuge et se fondre dans la nuit.

— Que fait-il ? Mais que fait-il donc ? s'emporte Yvan, épaulant à son tour.

— Impossible de tirer, on risque de l'atteindre ! hurle Franz.

— Nous sommes en train de rater « l'instant des louves » ! constate Boris, effondré.

Troublées dans leur repas, des lambeaux de viande encore suspendus aux babines, les louves lèvent la tête, fixant le petit vieillard de leurs prunelles ardentes. Sans interrompre ses gesticulations, ce dernier leur fait signe, puis s'éloigne, toujours dansant.

Dociles, les bêtes se détournent du festin et le suivent.

Dans l'isba, la consternation est à son comble.

— Les fourrures... les fourrures..., bredouille Yvan, se laissant tomber sur un siège, le front entre les mains.

— Nous avons loupé la chasse de l'année, par la faute de ce... de ce..., fulmine Franz, au bord de la crise d'apoplexie.

Il prend ses compagnons à témoin :

— Il l'a fait exprès ! Ce conte n'était qu'une ruse grossière pour nous distraire ! Nous nous sommes laissé abuser comme des débutants !

— J'aurais dû le descendre, ce traître, ce faux-jeton ! se morfond Boris.

Seul Vlady a gardé son sang-froid. En lui, aucune colère mais plutôt un immense soulagement. Le massacre tant attendu n'aura pas lieu. Cette année, pour Noël,

la neige de la toundra ne sera pas marbrée de rouge...

Il entrouvre la porte, regarde s'éloigner, dans le grand désert blanc, le petit vieillard suivi de sa horde. Puis soudain s'écrie :

— Écoutez !

Dans l'air glacé, un son cristallin, à peine perceptible, résonne comme une musique. Celui de milliers de larmes de gel, s'entrechoquant au vent nocturne.

Table des matières

* Les mots suivis d'un astérisque sont expliqués dans le Plus de Plus.

LE PLUS DE *Plus*

Réalisation :
Annie Durand

Une idée de
Jean-Bernard Jobin
et Alfred Ouellet

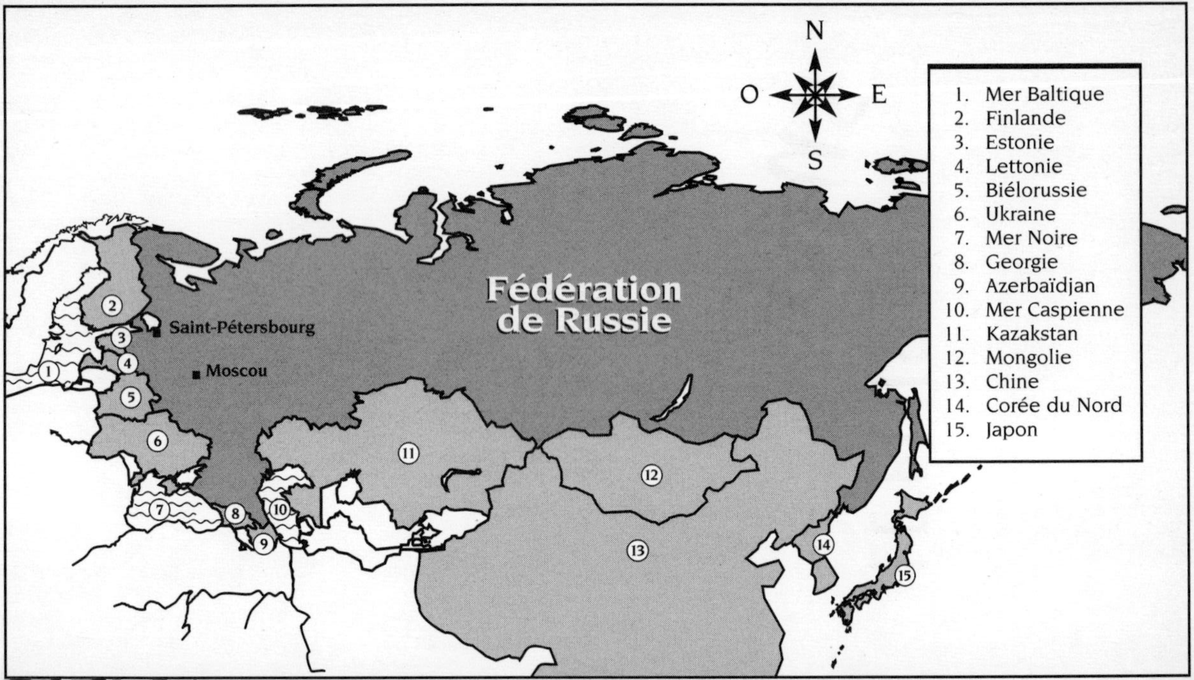
N
O
E
S
Fédération de Russie
Saint-Pétersbourg
Moscou
1. Mer Baltique
2. Finlande
3. Estonie
4. Lettonie
5. Biélorussie
6. Ukraine
7. Mer Noire
8. Georgie
9. Azerbaïdjan
10. Mer Caspienne
11. Kazakstan
12. Mongolie
13. Chine
14. Corée du Nord
15. Japon

Avant la lecture

Connais-tu la Russie ?

L'histoire que tu vas lire se passe en Russie. Ce pays a été gouverné par des tsars jusqu'en 1917, année de la révolution. Cette année-là, la population mécontente a renversé le dernier tsar qui exerçait un pouvoir absolu. En 1922, le gouvernement communiste a créé l'URSS (Union des républiques socialistes soviétiques).
En 1991, nouveau changement de régime politique, l'URSS cesse d'exister. Nous appelons la Russie actuelle la « Fédération de Russie ». Elle est subdivisée en différents territoires et comprend des peuples d'ethnies diverses. Elle compte aujourd'hui 149 469 000 habitants.

1. Quelle est la capitale de la Fédération de Russie ?
2. Quelle est la mer qui se trouve à l'ouest de ce pays ?
3. Combien de pays ont une frontière commune avec la Fédération de Russie. Peux-tu les nommer ?

La toundra

La Fédération de Russie est un territoire très étendu, c'est pourquoi la diversité des milieux naturels y est très grande. Le climat est aride, tempéré, boréal ou polaire selon l'endroit où l'on se trouve.

L'histoire que tu vas lire se passe dans la toundra de l'Oural polaire. L'Oural est une chaîne de montagnes qui, au nord, est couverte à certains endroits de toundra et de petits glaciers. On appelle toundra les steppes russes de la zone arctique. Ce sont de grandes plaines incultes, sans arbres, où le sol est gelé en profondeur une grande partie de l'année. La toundra est parcourue par les éleveurs de rennes et les chasseurs.

Quelles sont les mers qui se situent au nord et au sud de l'Oural ?

La carte d'identité du loup

Ouïe : ses oreilles pointues lui permettent une ouïe ultrasensible, il peut entendre le tic-tac d'une montre à une distance de 10 m. Durant la chasse, il se fie plus à son ouïe qu'à sa vue qui est faible.

Odorat : très développé, lui permet de reconnaître son territoire et d'identifier d'autres loups.

Fourrure : la bourre épaisse (le sous-poil) le tient au chaud, tandis que les longs poils imperméables le protègent de la pluie et de la neige. La couleur de la robe, qui lui permet de se camoufler, varie selon l'habitat.

Mâchoire : 42 dents, dont 6 incisives, 2 canines qui peuvent mesurer jusqu'à 5 cm, 8 prémolaires et 6 molaires. La mâchoire supérieure a 2 molaires en moins.

Corps : aérodynamique (oreilles pointues, long museau, tronc étroit, pattes effilées), lui permet d'atteindre de grandes vitesses lorsqu'il chasse.

Au fil de la lecture

Vrai ou faux ?

1. Vlady en est à sa première traque.
2. Boris est le père de Vlady.
3. Vlady n'a jamais eu peur des loups.
4. L'instant des louves se passe dans la nuit du nouvel an.
5. Le vieillard n'a jamais retrouvé le Palais de verre.
6. Vendre la fourrure d'une louve rapporte beaucoup d'argent.
7. Les chasseurs ont réussi à tuer une louve.
8. Le vieillard a fait échouer la chasse de l'année en distrayant les chasseurs.
9. Vlady est soulagé qu'aucune louve n'ait été tuée.
10. Le vieillard a été blessé d'un coup de feu.

Le conte poupée russe

Les poupées russes (ou poupées gigognes) sont de petites figurines de bois très colorées, qui s'ouvrent et s'emboîtent les unes dans les autres.
Le récit que tu viens de lire est une histoire qui, comme la poupée russe, contient une autre histoire. Il y a la trame principale qui concerne le moment de la traque mais, en parallèle, le vieillard raconte son passé.
Parmi ces événements, lesquels appartiennent au conte du vieillard, lesquels appartiennent à l'histoire principale ?

1. Un léger bruit arrache les quatre chasseurs à leurs pensées.
2. Le vieillard s'est retrouvé un 24 décembre dans le Palais de verre.
3. Après avoir mangé la viande laissée par les chasseurs, les loups ont suivi le vieillard.
4. Le vieillard a fui Moscou au moment de la révolution.
5. Les quatre chasseurs de loups sont suspendus aux lèvres du vieillard.
6. Le vieillard a valsé avec un fantôme dont il était tombé amoureux.

Le meneur de loup

Avec son histoire, le vieillard réussit à capter l'attention des quatre chasseurs de loup à un point tel qu'ils en oublient l'instant des louves, moment qu'ils attendent depuis si longtemps.
Quels sont les signes qui nous font croire que le vieillard les tient en suspens ? Tu peux essayer de les retrouver dans le texte.

1. Ils perdent la notion du temps.
2. La plainte d'un loup passe inaperçue.
3. Ils oublient l'heure du repas.
4. Un frémissement de curiosité parcourt l'assistance.
5. Vlady pose des questions parce qu'il brûle de connaître la suite de l'histoire.
6. Ils oublient de prendre le thé.

Le loup en meute

Dans cette histoire, l'auteur nous présente certains comportements du loup. Associe ces comportements avec ce qu'ils veulent dire :

1. Leur voix les précède toujours d'une heure ou deux.
2. La meute envoie des mâles en éclaireurs.

a. Le loup est un animal qui vit en bande. Chaque animal a un rôle à jouer. Lors de la chasse, la division du travail s'impose. Pour les petites proies, certains fouillent les terriers et les marquent d'urine. Pour les grosses proies (orignal, caribou, sanglier), certains approchent la bête doucement pendant que d'autres cherchent à détourner son attention. Si elle s'enfuit, les loups les plus rapides la rattraperont et les autres tenteront de l'empêcher de s'échapper.

b. Le loup hurle avant de partir chasser, et aussi pour rester en contact avec les autres loups de la meute. Le hurlement est émis pour le plaisir ou il sert à prévenir d'un danger. Le hurlement peut durer 35 secondes, il s'entend à une distance de 8 à 10 km.

Des mots nouveaux

Voici quelques mots du texte liés à la vie en Russie et à la chasse au loup.

1. **Samovar** (n. m.) : bouilloire en cuivre qui sert à faire le thé, autrefois l'eau était chauffée avec des braises (p. 8).
2. **Houppelande** (n. f.) : long vêtement de dessus, ample et ouvert devant. Il peut être ouaté ou fourré (p. 32).
3. **Isba** (n. f.) : petite maison en bois de sapin que se construisent les paysans de la Russie du Nord (p. 17).
4. **Traque** (n. f.) : action de traquer ; poursuivre une personne ou un animal en resserrant toujours le cercle qu'on fait autour de lui, ou en rabattant l'animal vers les chasseurs (p. 7).
5. **Tsar** (n. m.) : titre porté par les empereurs de Russie (p. 24).
6. **Toundra** (n. f.) : voir p. 66.

Après la lecture

Doué pour la course

Le loup est un grand coureur. Lorsqu'il chasse, il peut se déplacer sur de très longues distances à une vitesse moyenne de 40 km à l'heure. S'il court 3 heures par jour pendant 5 jours, combien de kilomètres aura-t-il parcouru ?

1. 3 500 km.
2. 600 km.
3. 120 km.

La queue parle

Comme le chien, le loup indique ses intentions par son langage corporel : la position de sa queue, de ses oreilles, de sa tête, etc. Regarde attentivement ces dessins et la position de la queue du loup. Essaie de comprendre les intentions de l'animal et relie chaque chiffre à la lettre correspondante.

1. Menace peu assurée.
2. Soumission.
3. Attitude normale.
4. Domination.
5. Confiance.

a.

b.

c.

d.

e.

Le loup a le premier rôle

Le loup a toujours été très présent dans la littérature pour enfants. Certaines histoires proviennent de la littérature orale ; ce sont des histoires transmises de bouche à oreille. Dans ces histoires, souvent moralisatrices, les animaux sont des personnages qui, comme des êtres humains, ont des émotions et sont dotés de la parole. Retrouve dans ces illustrations quatre histoires de loup.

Les expressions à la queue leu leu

As-tu déjà remarqué que le loup est encore présent aujourd'hui dans notre langue, dans des expressions très courantes ? En reliant les chiffres et les lettres, tu trouveras ce que ces expressions veulent dire.

1. À pas de loup.
2. Les loups ne se mangent pas entre eux.
3. Entre chien et loup.
4. Se jeter dans la gueule du loup.
5. Crier au loup.
6. Quand on parle du loup, on en voit la queue.

a. Moment de la journée entre le jour et la nuit.
b. On rencontre souvent une personne lorsqu'on parle d'elle.
c. Sans faire de bruit.
d. Exagérer l'importance d'un incident.
e. Les gens malhonnêtes ne se nuisent pas les uns les autres.
f. Risquer volontairement un danger.

Solutions

Avant la lecture

Connais-tu la Russie ?
1. Moscou, 2. Mer Baltique, 3. 12 pays : la Finlande, l'Estonie, la Lettonie, la Biélorussie, l'Ukraine, la Géorgie, l'Azerbaïdjan, le Kazakhstan, la Mongolie, la Chine, la Corée du Nord, le Japon.

La toundra
Au nord : la mer de Kara ; au sud : la mer Caspienne.

Au fil de la lecture

Vrai ou faux ?
1. V ; 2. V ; 3. F ; 4. F ; 5. V ; 6. V ; 7. F ; 8. V ; 9. V ; 10. F.

Le conte poupée russe
Conte du vieillard : 2, 4, 6. Histoire principale : 1, 3, 5.

Le meneur de loup
1. voir p. 46 ; 2. voir p. 46 ; 4. voir p. 36 ; 5. voir p. 49.

Le loup en meute
1. b ; 2. a

Après la lecture

Doué pour la course
2.

La queue parle
1. b ; 2. c ; 3. a ; 4. d ; 5. e.

Le loup a le premier rôle
1. Les Trois Petits Cochons, 2. Le Petit Chaperon rouge, 3. La Chèvre de monsieur Seguin, 4. Pierre et le loup.

Les expressions à la queue leu leu
1. c ; 2. e ; 3. a ; 4. f ; 5. d ; 6. b.

Dans la même collection

Premier niveau

- **Aline et le grand Marcel**
  C. Duchesne
- **Les Amours d'Anatole**
  M.-A. Boucher Mativat
- **Anatole, le vampire**
  M.-A. Boucher et D. Mativat
- **L'Araignée souriante**
  L. Chabin
- **Chats qui riment et rimes à chats**
  P. Coran
- **Chèvres et Loups**
  L. Carducci
- **Le Cosmonaute oublié**
  M.-A. et D. Mativat
- **Le Dossier vert**
  C. Marcis
- **L'Écureuil et le Cochon**
  M. Coulibaly
- **Elsie, la chèvre orgueilleuse**
  L. Perrault
- **L'Escale**
  M. Ponty
- **L'Étoile de l'an 2000**
  N. M.-Boisvert
- **Le Fantôme du rocker**
  M.-A. et D. Mativat
- **L'homme qui venait de la mer***
  R. Soulières
- **Lili et Moi**
  C. Stanké
- **Ma voisine, une sorcière**
  J. Bouchard-Baronian
- **Mes vacances avec Lili**
  C. Stanké
- **La Peur de ma vie**
  P. de Grosbois
- **Le Roi gris**
  M. Brémond
- **Les Trois Souhaits**
  M.-T. Rouïl
- **Ulysse qui voulait voir Paris**
  M. Ponty
- **Une journée à la mer**
  M. Denis

■ **Le Bonnet bleu**
C. Duchesne

■ **Jonas, le requin rose**
Y. Mauffret

■ **Kouka**
M. Hébié

■ **Manuel aux yeux d'or**
I. Cadoré Lavina

■ **Le Mendigot**
F. Gallaire

■ **Le Monde au bout des doigts**
M. Dufeutrel

■ **La Montaison**
M. Noël

■ **Les moutons disent non !**
J. Barrette

■ **Le Papillon des neiges**
A. Delaunois

■ **Rose la rebelle**
D. Nadeau

■ **Sonson et le Volcan**
R. Relouzat

■ **Un prétendant valeureux**
G. Ngal

■ **Viva Diabolo !***
M. Ponty

■ **Zoé et les Petits Diables**
S. Trudel

Deuxième niveau

- **Aventure à Ottawa**
  D. Fakoly
- **Le Cyclone Marilyn**
  G. Pineau
- **Espaces dans le temps**
  J. Idrac
- **Le Homard voyageur**
  C. Gagnon
- **L'Inconnue du bateau fantôme**
  C. Rodriguez
- **Mannequin noir dans barque verte**
  É. Wilwerth
  suivi de Le Carnaval de Venise, A. Kosakiewicz
- **Meurtre en miroir**
  I. Drozd

- **La Mouette**
  I. Drozd
- **Le Noël de Maïté**
  M.-C. Agnant
- **Père Noël cherche emploi**
  J. Barrette
- **Pourquoi les plantes ne se déplacent pas**
  A. Amoi
- **Sortie de nuit**
  C. Gagnon
- **Trafic de tortues**
  J.-P. Martin
- **Une barbe en or***
  C. Gagnon
- **Zigzag le zèbre**
  P.-C. Delisle
- ■ **L'Auberge du fantôme bavard**
  S. Julien
- ■ **L'Almanach ensorcelé**
  M. Porret
  suivi de L'Espace d'une vengeance, V. Lord
- ■ **CH. M. 250. K**
  N. Vidal
- ■ **La Chienne aztèque**
  L. Malette
- ■ **Le Cœur entre les dents**
  M. Ponty
- ■ **La Fresque aux trois démons**
  D. Sernine
- ■ **Le Galop du Templier***
  A.-M. Pol
- ■ **L'Instant des louves**
  Gudule
- ■ **Mamie Blues**
  G. Horveno
- ■ **La Nuit mouvementée de Rachel**
  M.-A.Clermont
- ■ **Télé-rencontre**
  F. Pelletier
- ■ **Une voix dans la nuit**
  M. A. Kingué
- ■ **Une vraie famille**
  I. Drozd
- ■ **Le Vieil Homme et le Petit Garnement**
  C. Makhele

Troisième niveau

- **Crinière au vent**
  Poésies du Canada francophone
  M. Olscamp
- **La Forêt de métal**
  F. Pelletier
- **Lorient-Québec**
  suivi de L'Esclave blanche de Nantes, L. Sebbar
- **M'en aller**
  C. Rose et L.-G. Touati
- **La Parole nomade**
  Poésies francophones
  B. Magnier
- **La Rose des sables**
  N. Ghalem
- **Le Sourire de la dame de l'image**
  suivi de Le Secret des pivoines, M. Gagnon *et de* Les Deux Maisons
  E. Rochon
- **Un matin pour Loubène***
  P. N. Nkashama
- ■ **Les 80 Palmiers d'Abbar Ben Badis**
  J. Coué
- ■ **Le Baiser des étoiles**
  J.-F. Somain
- ■ **La Chambre noire du bonheur**
  M. Andersen
- ■ **Le Chant de la montagne**
  F. Gallaire
- ■ **Enfance, enfance**
  R. Belamri *suivi de*
  Le Locataire, E. Mazigi *et de*
  Les Enfants du lac Tana
  P. N. Nkashama
- ■ **L'Homme du Saint-Bernard**
  M. Ponty
- ■ **Portraits de famille***
  T. Beccarelli-Saad
- ■ **Poursuite...**
  M.-A. Clermont

• **Niveau facile**
■ **Niveau intermédiaire**

* Texte également enregistré sur cassette.